P. VILLARD

COMMUNISME

BIEN-ÊTRE ET LIBERTÉ

LYON

IMPRIMERIE A. REY

4, RUE GENTIL, 4

1919

P. VILLARD

COMMUNISME

BIEN-ÊTRE ET LIBERTÉ

LYON

IMPRIMERIE A. REY

4, RUE GENTIL, 4

1919

COMMUNISME

BIEN-ÊTRE ET LIBERTÉ

Bien-être et liberté, c'est la devise de la Confédération Générale du Travail. C'est aussi l'aspiration du genre humain. Comment pourrons-nous réaliser cet idéal ?

Pour la liberté, c'est assez facile : elle ne manque guère dans notre pays. Des révolutions successives nous ont donné le droit de choisir notre gouvernement, la liberté d'opinion, la liberté de réunion, d'association, la liberté de la presse. Nous avons conquis tous les droits qu'avaient réclamés nos pères, et, si la guerre les a un moment limités, la paix va nous les rendre.

Pour le bien-être, c'est autre chose : nous sommes loin d'en avoir assez. Trop de gens en France ne sont pas suffisamment logés, nourris et vêtus. Ils le sont beaucoup mieux qu'il y a cent ans, qu'il y a surtout deux ou trois cents ans, mais il y a encore trop de pauvres parmi nous. Il y aussi trop de gens qui ne trouvent pas leur vie assez large, trop de besoins et de désirs qui ne sont pas satisfaits. Comment pourrons-nous les satisfaire et augmenter le bien-être ?

I

D'après une opinion très répandue, si le bien-être est insuffisant, c'est que la richesse est mal partagée. Il y en aurait assez pour tout le monde, mais un petit nombre d'hommes l'accaparent. S'ils n'en prenaient que leur juste part, les autres seraient heureux. Tout le mal vient de la mauvaise répartition des biens de ce monde.

Est-ce vrai ? La statistique seule peut nous le dire. Voici les chiffres qu'elle nous donne :

On estimait, avant la guerre, la fortune totale de la France entre 250 et 300 milliards. Partagée également entre 40 millions de Français, elle eût donné à chacun d'eux 7 ou 8.000 francs de capital.

On estimait, d'autre part, le revenu total de la France, comprenant à la fois le produit du capital et le produit du travail, entre 25 et 35 milliards. Prenons le chiffre de 33 milliards, adopté par Charles Gide. Partagé également entre 40 millions de Français, il eût donné à chacun d'eux environ 900 francs par an.

Un capital de 7 ou 8.000 francs par tête, un revenu de 900 francs, voilà ce qu'eût donné, à la veille de la guerre, au lendemain du Grand Soir, le partage égal, à supposer qu'il ne se perdît rien dans la liquidation. Cela ne représente pas beaucoup de richesse, ni même de bien-être.

Aujourd'hui, nos billets de banque ayant perdu beaucoup de leur valeur, parce que la guerre en a considérablement augmenté le nombre, tandis qu'elle raréfiait les marchandises, il faudrait augmenter ces chiffres. Mais ils ne représenteraient pas plus de bien-être qu'avant la guerre. La France n'a pas plus de richesse ; elle en a moins : elle a seulement plus de papier-monnaie.

Si, au lieu de ne considérer que la France, nous faisions entrer dans notre compte d'autres pays, comme la Russie ou la Chine, nous arriverions à des chiffres dérisoires, à 100 ou 200 francs de revenu annuel par tête. Une statistique récente évalue le revenu de l'Espagne à 175 francs, celui du Japon à 150 francs par habitant. Le jour où des communistes convaincus voudraient partager avec les camarades russes ou japonais, ils devraient terriblement se serrer le ventre.

Si insuffisant que soit le confort de nos ouvriers et de nos paysans, il est magnifique et luxueux devant l'existence des moujiks, des nègres ou des Arabes.

Mais la plupart de ceux qui demandent le partage ne veulent partager qu'avec les riches. Voyons ce que donnerait cette opération, en écartant tous nos frères étrangers et en n'admettant que des Français à en profiter.

L'impôt sur le revenu, perçu en 1916, a indiqué, pour les revenus supérieurs à 20.000 francs, une somme totale d'environ 3 milliards. Doublons ce chiffre, pour tenir compte des territoires envahis, des mobilisés et des dissimulations, nous trouvons 6 milliards.

Une estimation faite par l'Administration de M. Caillaux, en 1906, pour préparer l'établissement de l'impôt sur le revenu, avait également évalué à 3 milliards le total des revenus supérieurs à 20.000 francs. (*Cours d'Economie politique* de Gide, t. II, p. 129.) Il faut aujourd'hui grossir ce chiffre pour tenir compte de la dépréciation de notre monnaie.

Admettons le chiffre de 6 milliards et divisons-les entre 36 millions de Français, la division donne environ 175 francs par tête. Si nous confisquons la totalité des revenus de tous les gens qui, soit par leur capital, soit par leur travail, touchent en France plus de 20.000 francs par an, nous aurons supprimé dans notre pays le luxe, l'élégance et une partie des arts, nous aurons brisé l'instinct d'épargne qui a créé le capital économique de notre pays, et nous n'aurons donné à chaque Français que 175 francs de plus par an, à peine 50 centimes de plus par jour.

Tels sont les faits. Ils démentent absolument cette légende que les riches accaparent presque toute la richesse nationale. Ils n'en accaparent pas le quart, à peine la dixième partie, si on admet que, par suite de la dépréciation de notre monnaie, le revenu nominal de la France a doublé et peut être estimé aujourd'hui à 66 milliards.

La vérité, l'amère vérité, c'est que l'humanité est pauvre. Née dans le dénuement, elle a longtemps vécu au jour le jour, d'une vie précaire, à la merci d'une bonne ou mauvaise récolte. Aujourd'hui encore, elle n'a pas assez de richesse, c'est-à-dire de blé, de vin, de bétail, de charbon, de métaux, de maisons, de tissus, de machines, pour satisfaire à tous les besoins ; elle reste menacée de la famine lorsque la guerre la détourne de son travail accoutumé. La nature ne lui offre pas le bien-être, mais la misère; ce n'est pas le blé, c'est l'ivraie qui pousse spontanément dans les champs.

Novikoff, dans un livre sur *le Gaspillage dans les Sociétés modernes*, estime que, si l'on prend l'ensemble des sociétés humaines, 9 individus sur 10 n'ont pas une nourriture suffisante et qu'il n'y en a guère que 1 sur 300 disposant d'un logement et d'un mobilier convenables.

« La production totale de sucre avant la guerre était d'environ 6 milliards de kilogrammes. La consommation annuelle, si chaque individu disposait de la ration de sucre d'un homme civilisé de classe aisée, devrait être de 30 kilogrammes au moins par an et par tête, soit 45 milliards pour 1.500 millions d'êtres humains. Il faudrait donc une production sept fois plus forte pour que chaque habitant du globe fût pourvu selon les besoins de l'homme civilisé. On aboutit à des résultats analogues en considérant les aliments essentiels : pain, riz, maïs, viande, lait, etc. » *(Revue suisse de juin 1919, p. 329.)*

On ne voit pas ces choses parce qu'on est hypnotisé par la fortune et le luxe de quelques riches, dont les trésors semblent inépuisables. Leur richesse tomberait en poussière si chacun pouvait en prendre sa part.

« Si on pouvait raser le Mont Blanc, dit Charles Gide (t. II, p. 139), et répartir sa masse sur la superficie totale de la France, on n'exhausserait le niveau du sol que de quelque 15 centimètres. Si chaque année, en France, toutes les successions supérieures à un million étaient partagées entre tous les Français, cela ne ferait même pas 40 francs par tête. En Angleterre, si on partageait toutes les successions supérieures à 50.000 livres sterling (1.250.000 francs), cela ferait 81 francs. Ce résultat, si déconcertant à première vue, s'explique par la proportion relativement infime des riches. »

On arriverait au même résultat pour les profits d'un chef d'industrie. Considérables pour lui, s'ils sont partagés entre ses ouvriers, ils se réduisent à peu de chose pour chacun d'eux. « Les dividendes des mines, dit encore M. Gide (t. II, p. 437, note 2), sont le plus souvent cités comme exemple de profits scandaleux. C'est incontestable pour certaines mines ; mais voici les chiffres donnés par la *Statistique de l'Industrie minérale* pour une période de vingt-sept années (1881-1908), qui permettent de comparer la somme des profits réalisés avec la somme des salaires. Le bénéfice moyen annuel réalisé par tête d'ouvrier employé a été de 3o2 francs, ce qui, pour un salaire moyen de 1.242 francs, donne un peu moins de 25 pour 1oo. Telle est la part maximum dont le salaire eût pu être majoré, *dans le cas où tous les dividendes auraient été attribués aux ouvriers : au lieu de 4 francs par jour, ils auraient touché 5 francs.* »

Il y a vingt ou trente ans, on parlait beaucoup des attentats anarchistes ; un rédacteur du *Figaro* interviewa deux anarchistes sur leurs projets. Ils déclarèrent que, le jour où ils seraient les maîtres, ils brûleraient Paris comme trop mal bâti et conserveraient seulement le quartier des Champs-Elysées, seul digne de loger un peuple libre. Le quartier des Champs-Elysées mérite en effet cet honneur, mais le jour où il lui faudrait loger un peuple de 2 millions d'hommes il deviendrait un cloaque inhabitable.

Beaucoup de socialistes considèrent notre société comme ces anarchistes considéraient Paris. Ils trouvent avec raison qu'elle a trop de mauvais logements, mais ils ont tort de se figurer qu'elle tiendrait tout entière dans les hôtels des Champs-Elysées. Il faudrait, pour l'y faire entrer, mille fois plus de ces hôtels, qu'on ne bâtit pas avec des discours.

Nous n'avons pas, même dans un pays riche comme la France, assez de maisons confortables pour nous loger tous convenablement, assez de bétail, de vin et de céréales pour nous nourrir tous suivant nos goûts, assez de machines pour satisfaire à tous nos besoins. Nous devons, si nous voulons du bien-être pour tous, augmenter énormément notre richesse, ce qui est plus facile à dire qu'à faire.

Il y a un moyen commode de nous en donner l'illusion : c'est d'émettre du papier-monnaie. Nous en avons déjà trop usé. Les milliards ainsi créés sont une pure fantasmagorie ; ils n'ajoutent à la richesse publique ni un quintal de blé, ni une maison, ni une tête de bétail ; ils font simplement hausser les prix et troublent la vie économique. La révolution russe et la révolution hongroise ont vécu de cet expédient ; qu'en est-il résulté ? Le rouble russe, qui valait à Genève 2 francs à la veille de la guerre, y vaut aujourd'hui 3o centimes et n'est plus accepté en payement par les paysans de son pays.

La couronne hongroise, qui valait autrefois 1 franc, vaut à peine 25 centimes. *L'Humanité* du 2 juin est obligée de constater que l'ouvrier hongrois, payé 5o couronnes par jour, ne touche en réalité que 12 fr. 5o en valeur d'avant-guerre.

Si une révolution sociale éclatait en France, elle ne pourrait tenir ses promesses que par de formidables émissions de billets de banque. Les salaires s'élèveraient aussitôt, mais les prix monteraient encore plus vite et nous retournerions au temps des assignats de la Grande Révolution, où un louis d'or valait 13.000 francs de papier-monnaie.

Il faut chercher autre chose pour augmenter le bien-être. Une émission démesurée de papier-monnaie ne peut que le diminuer, en troublant la vie économique et en décourageant les producteurs, qui ne savent plus ce que vaudra le lendemain le paiement reçu la veille. Or, le seul moyen d'obtenir plus de bien-être, d'être mieux logé, mieux vêtu, mieux nourri, c'est de produire davantage, de cultiver plus de terres, d'extraire plus de minerais, de bâtir plus de maisons, de fabriquer plus de meubles, plus de tissus, plus de machines.

Avant tout, nous devons augmenter notre production, déjà insuffisante avant la guerre, diminuée par la guerre dans des proportions qui infligent de cruelles souffrances à presque tous les peuples de l'Europe.

Comment y arriverons-nous?

Deux systèmes s'opposent ici l'un à l'autre : le système communiste et celui de la propriété privée.

D'après le premier, il suffirait de mettre en commun tous les biens, ou au moins tous les instruments de production, pour augmenter considérablement le rendement de travail humain. Les producteurs ne travaillant plus pour des maîtres égoïstes, mais pour la nation ou l'humanité, c'est-à-dire pour eux-mêmes, travailleraient bien mieux et bien plus utilement.

Cette thèse est sans cesse développée par les journaux et les livres socialistes. Elle a été reprise et formulée récemment dans un projet de résolution, déposé par M. le sénateur Flaissières, dans la séance du Sénat du 13 mai 1919 :

« Considérant, dit ce projet, que la société actuelle est basée sur la propriété privée, d'une part, sur le salariat, d'autre part ;

« Considérant que le capital et le travail, ces deux éléments constitutifs de la production humaine, vivent fatalement en perpétuel état de conflits successifs et violents, de lutte haineuse ;

« Considérant que la production générale de de toutes choses nécessaires à la vie, au développement progressif de l'espèce humaine, se trouve ainsi faussée, déviée, amoindrie, dans des proportions incalculables, par la mauvaise direction, par le gaspillage des efforts réalisés ;

« Considérant que les efforts collectifs, méthodiquement organisés vers un but commun et ayant à leur disposition le capital devenu collectif, *aboutiront à une production énorme, capable de satisfaire tous les besoins essentiels de la vie des hommes et de donner à chacun de nous individuellement les joies du superflu,*

« ... Le Sénat invite le Gouvernement à étudier, dans le plus court délai possible, un projet d'organisation du régime collectiviste intégral, destiné à être substitué à la société actuelle. »

D'après cette thèse, le collectivisme, ou communisme, doit augmenter la production dans des proportions telles qu'elle pourra donner à tous les hommes, non seulement le nécessaire, mais le superflu.

La plupart des économistes, au contraire, pensent que le droit de propriété est indispensable, dans l'état actuel de l'humanité, pour stimuler l'activité humaine et encourager l'épargne.

Sans doute, tous les hommes ne sont pas propriétaires, dans la société actuelle, mais il y en a peu qui ne le soient pas à quelque degré et tous peuvent le devenir.

Dans la société collectiviste, au contraire, ils ne le peuvent pas et l'intérêt personnel est tellement dilué dans l'intérêt général qu'il n'existe pour ainsi dire plus.

Si je travaille dans les chantiers nationaux du peuple français, le résultat de mon effort est confondu dans celui de vingt millions d'autres travailleurs et se perd dans la masse. Peu importe qu'il soit fort ou faible, car j'ai droit, non pas au produit de mon travail, mais à un vingt-millionième du produit global. Je ne suis plus maître de ma destinée : elle dépend de la nation tout entière et je n'ai aucun intérêt, puisque je suis si étroitement lié à mes voisins, à me donner plus de mal que celui d'entre eux qui s'en donne le moins.

Je n'ai aucun intérêt non plus à faire des économies, si par hasard je puis en faire, car je n'en trouverais pas le placement.

Les économistes concluent de ces considérations que, sous le régime collectiviste, la production, privée du stimulant de l'intérêt personnel, loin d'augmenter, tomberait bien au-dessous du niveau actuel. Ils font observer, en outre, qu'aucune organisation d'Etat ne serait capable de supporter l'énorme fardeau de la vie économique d'un grand pays.

Si pendant la guerre, l'Etat français s'est chargé d'une partie de ce fardeau, ç'a été au prix de dépenses colossales et d'un lamentable gaspillage.

Entre ces deux thèses contraires, l'expérience seule peut prononcer. Nous avons appris à nous défier des raisonnements et des discours : toutes les causes en ont à leur service. Seule la méthode expérimentale peut trancher la question ; elle règne aujourd'hui sur toutes les sciences ; elle doit régner aussi sur la politique. Consultons-la.

II

Jusqu'à l'année dernière, le champ de l'expérience était assez limité en cette matière. On savait cependant que le travail languissait dans nos industries d'Etat, en particulier dans nos arsenaux, et que l'absence d'intérêt personnel y produisait, à tous les degrés de la hiérarchie, des effets fâcheux. On pouvait, d'autre part, se souvenir de quelques expériences communistes, bien oubliées aujourd'hui et cependant instructives.

Sans remonter au déluge, nous savons que, dès le commencement du xixe siècle, sous l'inspiration de Saint-Simon, de Fourier, de Cabet et de l'Anglais Robert Owen, des âmes généreuses ont essayé de fonder des colonies d'où le droit égoïste de propriété était exclu et dont le succès devait convertir au communisme le reste du monde.

Les Etats-Unis d'Amérique, dont les terres vacantes et les libres mœurs se prêtaient admirablement à ces expériences, reçurent un grand nombre de ces colonies, peut-être une soixantaine. Toutes, sauf cinq ou six, fondées, comme celles des shakers et des rappistes, sur une foi et une discipline religieuses, semblables à celle de nos congrégations, ont complètement échoué, après une lutte plus ou moins prolongée contre le désordre et la misère.

Fourier avait préconisé, sous le nom de phalanstères, des associations où le travail et les produits du travail seraient mis en commun. Il assurait que leur exemple changerait la face du monde en deux ans. Ses disciples formèrent, aux Etats-Unis, une trentaine de phalanstères, dont le plus durable ne dépassa pas douze ans. Robert Owen consacra une grande fortune, une grande intelligence et une énergie indomptable à établir dans l'Indiana, sous le nom de New Harmony, une colonie communiste de neuf cents membres, qu'il dut dissoudre, au bout de deux ans (1825-1827).

D'autres expériences, inspirées par lui, eurent le même sort. Tout paraissait facile au début, puis on éprouvait des difficultés imprévues, la nature humaine se réveillait, on n'obtenait pas les résultats espérés, on se disputait et on se séparait :

« Dans les premières semaines, a écrit un disciple d'Owen, nous étions animés de la meilleure volonté. Le travail emplissait la journée. Tous paraissaient heureux de se dévouer pour la communauté. Bientôt des nuages se formèrent dans notre atmosphère sociale. L'égoïsme est un démon qu'aucune conjuration ne peut chasser... Les laborieux, les habiles, les forts, virent les fruits de leur travail consommés par les indolents et les incapables.

« Des ouvriers, dont le travail valait, dans la société ordinaire, deux dollars par jour, voulurent travailler une fois moins que ceux dont le travail ne valait qu'un dollar. On leur rappela en vain qu'ils travaillaient pour l'intérêt commun. La loi de l'intérêt individuel est une loi qu'on ne peut supprimer, et, avant qu'un an fût écoulé, elle avait dispersé et ramené dans le monde égoïste, d'où ils étaient sortis, les membres de cette communauté, réunis dans des conditions si favorables, avec tant de bonne volonté. »

Cabet, après avoir tracé, dans un roman *l'Icarie*, un tableau enchanteur de la société communiste, qu'il voulait fonder, emmena en Amérique, en 1848, quelques centaines de colons qui s'acharnèrent, pendant près de cinquante ans (1848-1895), à réaliser leur idéal, au milieu des dissensions et de la pauvreté. Ils n'obtinrent jamais, dans un pays où tout prospérait autour d'eux, que de misérables résultats. Cabet leur avait promis toutes les jouissances de la richesse et de la liberté ; ils étaient partis pleins d'enthousiasme. La plupart furent bientôt désabusés : « Jusqu'en 1855, a écrit l'un d'eux, l'espoir nous avait soutenus. Nous avions accepté les privations et les fatigues comme des épreuves passagères. Mais il se trouvait qu'après cinq ans de patience nous n'avions pas fait avancer l'œuvre commune. L'avenir demeurait toujours aussi incertain, la caisse restait vide. Les arrivées et les départs se succédaient sans interruption, donnant à notre Icarie l'allure d'un hôtel meublé, pauvrement meublé... Notre président en était réduit à accepter avec empressement les nouveaux membres, pour profiter de leurs apports, quitte à se débattre ensuite contre ceux qui, à l'heure du départ, réclamaient la restitution des capitaux versés ». Et Cabet disait lui-même, en 1854, à ses associés, qui se plaignaient de n'être pas assez libres : « Il en est parmi nous qui crient à l'esclavage, à la tyrannie, mais il s'agit de supprimer la misère contre laquelle nous nous débattons. Et comme il est impossible de supprimer la misère sans augmenter beaucoup la production, il faut bien se résigner aux gênes de l'organisation du travail. »

Il n'y avait donc, en Icarie, ni bien-être, ni liberté.

En 1874, les Icariens n'étaient plus que soixante-sept. Un voyageur américain, Nordhoff, qui a visité leur colonie vers ce temps, la décrit ainsi :

« A l'entendre, Cabet, s'il avait eu un million, aurait été en mesure d'installer sa communauté largement et fastueusement et il présentait un séduisant tableau des habitations éclairées au gaz, pourvues d'eau froide et d'eau chaude, des manufactures admirablement agencées, des fermes parfaitement cultivées, des écoles, des théâtres, ou autres lieux de divertissement, des parcs d'agrément, etc. Rêves, hélas ! beaux rêves d'un utopiste. Je tournais les pages de sa brochure, tout en errant à travers les sentiers défoncés de l'Icarie réelle, par un frileux dimanche de mars, et je ressentais à chaque pas un contraste poignant, entre les merveilles de confort et d'élégance si brillamment décrites et la morne pauvreté si résolument acceptée par ce groupe d'hommes et de femmes, pour affirmer des principes qu'ils croyaient vrais et utiles. »

L'expérience avait donc prononcé, dès le milieu du xixe siècle. Le régime communiste, loin d'augmenter le travail et la production, comme l'avaient promis ses apôtres, les diminuait considérablement. Loin de donner plus de liberté et de bien-être, il en donnait moins. Cependant le besoin des hommes de chercher un état meilleur est si pressant, qu'on oublia bientôt cet avertissement.

Au moment même où Cabet et ses Icariens commençaient la longue suite de leurs déceptions, Karl Marx formulait, dans son *Manifeste communiste*, le programme d'une transformation sociale qui devait étendre au monde entier le régime inutilement essayé par quelques milliers d'individus.

Il le représentait comme le résultat nécessaire de l'évolution industrielle, et raillait « les expériences faites en petit et dès lors forcément manquées ».

Il considérait donc comme plus facile de faire vivre sous ce régime des millions d'hommes d'opinions divergentes que des centaines de personnes, choisies, l'ayant accepté d'avance et réunies dans un même idéal ! C'était contraire à toute vraisemblance. Mais les expériences partielles n'avaient pas donné les résultats attendus, on les déclarait sans valeur et on se tournait vers une révolution générale, qui, si elle se produisait, aurait au moins ce résultat de mettre à la disposition de ses auteurs les richesses accumulées d'une grande nation.

Des millions d'hommes en Europe attendirent une occasion que la guerre devait leur donner. Deux fois, en 1871, en France, en 1905, en Russie, leur tentative échoua. En novembre 1917, elle réussit.

Les communistes s'emparèrent par un coup de force du gouvernement de la Russie et pratiquèrent, sur la plus grande nation de l'Europe, l'expérience communiste.

III

L'expérience dure depuis vingt mois. A peu près tous les témoignages s'accordent à nous dire qu'elle a conduit la Russie dans un abîme de maux, qu'elle a ruiné l'industrie, ruiné l'agriculture, provoqué la famine et ne dure que par un régime de terreur, plus odieux encore que l'odieux régime tsariste.

Sans doute les amis du Gouvernement, les fonctionnaires des soviets mangent encore à leur faim, probablement même vivent-ils mieux qu'auparavant. Mais comment vit la masse du peuple?

Voici un extrait d'une lettre, datée de Moscou (24 janvier) et publiée par le *Journal de Genève* du 8 avril de cette année : « Le socialisme slave a commencé par inculquer aux masses que le travail devait être fait lentement, sans effort, sans exactitude, et devait être d'aussi courte durée que possible — résultat : beaucoup de bras croisés, simulation du travail, hauts appointements et pas de production, ni agricole, ni industrielle, ni intellectuelle, mais consommation de produits. Tant qu'on a pu vivre sur d'anciens approvisionnements, la vie était possible, chère, très chère, mais supportable.

« Cet automne, nos législateurs ont décidé de réquisitionner chez le paysan tout ce qui n'était pas nécessaire à sa famille et de lui payer ses productions à des prix fixes, élevés sans doute en comparaison de 1915-1916, mais dérisoirement bas en regard des prix payés par le public n'ayant pas accès à l'assiette au beurre des soviets. A cette mesure, le paysan a répondu par une réduction des ensemencements et par un enfouissement de ce qui lui restait. De sorte que maintenant le bourgeois, l'ouvrier, le prolétaire lui-même doit acheter à des prix exorbitants de quoi ne plus mourir de faim! Nous payons les 100 kilos de farine de seigle 2.400 roubles, le kilo de sucre

160 roubles, le litre de lait 10 roubles, le kilo de bœuf 50 roubles, le kilo de porc 65 roubles.

« Nous séchons les feuilles d'orties et de céleri pour faire des épinards. Pendant l'automne, nous avons mangé des feuilles de betteraves, de carottes, d'oseille sauvage, etc. Depuis six mois nous n'avons plus de beurre frais ; nous employons de l'huile de coton ou de chanvre. Le sucre est en partie remplacé par la saccharine, ou on s'en passe. Pendant longtemps nous avons mangé du cheval, mais maintenant la viande de cheval ne se vend plus, la morve régnant dans beaucoup d'écuries.

« Pour tromper son estomac, on fait des côtelettes aux lentilles, aux pommes de terre. Inutile de te dire que sucreries, pâtisseries, gâteaux ne sont qu'un agréable souvenir depuis plus d'une année. »

Une lettre de Petrograd, publiée par le *Journal de Genève* du 19 mars, donne des renseignements du même genre :

« Passer de Helsingfors à Petrograd, c'est descendre du royaume des vivants dans le royaume des ombres. Dès l'arrivée, on est étreint par l'atmosphère d'abattement, de morne résignation, de misère physique et morale que dégagent les choses et les hommes.

« Les rues sont couvertes d'une couche épaisse de boue et de neige fondante ; personne ne se préoccupe plus de les balayer. De rares automobiles passent, crasseuses, dépenaillées, laissant derrière elles une puanteur d'alcool dénaturé, où quelque commissaire promène son importance. L'avoine est introuvable et la viande de cheval coûte 4o roubles le kilogramme. Plus de pigeons, ces hôtes familiers des rues de Petrograd ; il y a longtemps que le dernier a été dévoré. Presque plus de chiens ; on les détaille à 3, 4 et 5 roubles la livre (4oo grammes).

« Dans cette ville en décomposition, circule une population hâve, déprimée, silencieuse, uniquement préoccupée de trouver l'argent et les vivres nécessaires à sa subsistance. Ce double problème devient insoluble pour le plus grand nombre ; il n'y a plus guère que les commissaires et leur entourage de voleurs, d'escrocs et d'aigrefins qui soit en état de l'affronter.

« Le nombre de décès à Petrograd a atteint une moyenne effrayante. Je n'ose pas reproduire ici les chiffres que m'a donnés une personne employée à la Croix-Rouge (la statistique officielle n'existe plus) ; même en les réduisant fortement, il faudrait en conclure que la mortalité annuelle est montée à plusieurs dizaines pour cent. La population de Petrograd est tombée au-dessous de 700.000 âmes, au lieu de 2.800.000 qu'elle comptait sous Kérensky. Si les circonstances ne changent pas, Petrograd ne pourra pas survivre à l'hiver prochain. La Russie reviendra à ce qu'elle a été il y a mille ans. »

Ces renseignements sont confirmés par le témoignage de M. Odier, ministre de Suisse en Russie (*Journal de Genève* du 15 mars 1919) :

« La détresse de la Russie, dit-il, dépasse tout ce

qu'on peut imaginer : environ trois cents chefs bolchevicks réussissent à exploiter cet immense pays. Leur méthode est de régner par la famine qui anémie la population saine et rend toute résistance impossible. Le peu de vivres que l'on peut se procurer est apporté par des paysans, mais des bandes de bolchevistes les attendent à la gare, leur dérobant leurs provisions et détruisent ce qu'ils ne peuvent pas emporter.

« On souffre surtout du manque de combustible. La sagène de bois, qui se payait 5 ou 6 roubles avant la guerre, vaut maintenant de 8 à 900 roubles et, même à ce prix, on a toutes les peines du monde à s'en procurer. Les paysans ne veulent pas être payés en argent; ils font des échanges. Les roubles dits de Kerensky ne s'échangent plus qu'au poids et dans des sacs.

« Les Compagnies suisses chargées de certains services publics, en particulier de l'éclairage, font leur possible pour continuer leur service. Quant aux Russes, ils ne font presque plus rien ; ils sont tombés dans un état de prostration complète et demeurent incapables de toute réaction. Ils se couchent sur le dos et attendent que l'orage ait passé.

« Le peuple est à peu près unanime à souhaiter la fin de ce régime abominable. Il espère toujours une intervention étrangère. Quand il a appris que l'Entente y renonçait, son désespoir a été immense ; il se demande d'où lui viendra le secours ; les bolchevicks, haïs du peuple entier, ne règnent que grâce à leur armée prétorienne, bien payée et grassement nourrie. C'est pour échapper à la famine que beaucoup d'hommes s'y engagent.

« La ville de Petrograd, à moitié déserte, ressemble à une immense nécropole. La famine et les maladies contagieuses y provoquent une mortalité épouvantable. »

Les correspondants du *Times* donnent des témoignages semblables. Son correspondant de Stockholm lui résume (12 mars 1919, p. 10), d'après le journal socialiste suédois le *Social Democraten*, les impressions de deux avocats socialistes norvégiens, MM. Puntervold et Stang, envoyés, sur la demande de Lénine, par le parti socialiste norvégien, pour faire une enquête sur le communisme russe.

Ils ont trouvé la Russie sous le régime de la terreur. La condition des ouvriers ne saurait être pire qu'à Petrograd et à Moscou, où règne la famine.

Tout le monde se plaint, malgré la police et les espions. La famine est due, en grande partie, à la mauvaise administration et au manque des transports.

Sur 7.000 locomotives, plus de 4.500 sont hors d'usage. Elles ne peuvent pas être réparées, leur a-t-on dit, parce que les ouvriers, trop affaiblis par le manque de nourriture, ne peuvent travailler que quelques heures par jour.

Une lettre de Tsarkoë-Selo, publiée par le *Times* du 31 mars, dit : « Petrograd meurt lentement. Le 24 février, je traversai la ville en voiture, avec mes bagages. Je fus terrifiée de voir les figures émaciées des habitants : ils pouvaient à peine traîner leurs jambes, ou restaient des heures à attendre un tramway. Le trajet en tramway coûte 1 rouble ; c'est encore bien meilleur marché que le fiacre, qui coûte 5o roubles.

« Le long de la perspective Newski, je vis une vieille femme (la veuve d'un général russe), qui tordait machinalement ses mains, en répétant : « Donnez-moi un morceau de pain. » Hélas ! je n'avais rien à lui donner !

« On ne peut rien acheter. Une fois, le portier d'une cuisine publique eut pitié de moi et me prêta sa carte de nourriture, qui me permit d'entrer à la salle à manger. Pour 3 roubles et demi, on me donna un sale bol de lentilles et des harengs salés, avec des bettes, comme second plat. En face de moi, se tenait un homme très amaigri, qui dévorait des yeux chacune de mes bouchées. Lorsque je repoussai mon potage, sans l'avoir achevé, il me demanda la permission de le finir... Il paraît que beaucoup de gens se tiennent ainsi dans les cuisines publiques, avec l'espoir de finir les restes. »

M. Hoover, directeur américain du ravitaillement, a fait, d'après *l'Information* du 13 avril, les déclarations suivantes :

« L'Administration du ravitaillement s'est livrée à une enquête approfondie sur la situation actuelle de la Russie, dont la gravité ne peut être contestée. Une appréciation très modérée donne plus de 2oo.ooo personnes mourant, directement ou indirectement, chaque mois, par suite du manque de vivres, et cet état de choses ne peut qu'empirer.

« D'après le système de distribution mis en vigueur par le Gouvernement des soviets, dans les grandes villes, les enfants doivent les premiers recevoir des vivres par le service de cantines scolaires, ouvertes aux enfants de toutes les classes; viennent ensuite les gardes rouges et les ouvriers, puis les bourgeois et les intellectuels reçoivent ce qui reste.

« D'après notre enquête, les enfants qui suivent les cours des écoles sont suffisamment nourris, la garde rouge reçoit une ration raisonnable, mais le déficit des vivres se fait cruellement sentir parmi la classe moyenne, la classe supérieure et les intellectuels, au point de les menacer d'une extinction complète avant la prochaine récolte.

« Il est cependant difficile d'affirmer qu'elles succomberont totalement à la famine, car beaucoup de personnes appartenant à ces classes ont quitté la ville pour la campagne.

« Ainsi, la population de Petrograd a diminué dans une proportion de 70 pour 100. La socialisation de la production et de la distribution des vivres, organisée par le gouvernement de Lénine et de Trotski, a eu pour résultat le bouleversement total de la production et de la distribution, amenant la famine dans un pays qui jadis contribuait dans une si large mesure au ravitaillement du monde. »

Dira-t-on que ces renseignements sont suspects;

parce qu'ils sont publiés par des journaux bourgeois?

Voici le tableau que trace de la Russie actuelle,
dans *l'Heure*, de Marcel Sembat (23 mai 1919), le
socialiste révolutionnaire E. Stalinsky :

« Comme en Russie l'industrie urbaine est
ruinée, les villes ne peuvent rien donner en
échange de produits agricoles. Et comme les
paysans refusent d'approvisionner les villes, les
bolchévistes envoient des détachements pour réquisitionner de force.

« Alors, c'est la guerre. Lénine a trouvé un
moyen pour pressurer les paysans : ce sont les
fameux Comités de paysans pauvres. Ils sont com-
posés de tous les malandrins et éléments parasi-
taires des villages. Le pouvoir central leur pro-
cure des armes et ils ont pour mission d'assembler
du blé et des produits agricoles pour les villes.

« Ces Comités se livrent à un pillage effroyable
des paysans travailleurs. Au cours de l'été et de
l'automne passés, dans soixante districts de la
Russie centrale, ont eu lieu des insurrections de
paysans contre le pouvoir des soviets. Ces insurrections ont été étouffées dans le sang. On compte
en moyenne deux cents paysans fusillés dans
chaque commune. Le nombre total des victimes se
chiffre par dizaines de mille, et ce sont surtout
les éléments les plus conscients, les plus actifs et
les plus démocratiques du monde rural russe qui
ont été exterminés.

« Lénine a bien compris que le bolchevisme ne

pourrait pas se maintenir longtemps s'il ne se réconciliait pas avec le paysan. Il a publié plusieurs articles sur ce sujet, mais il n'a pu indiquer une solution véritable du problème. C'est que le bolchevisme, par sa nature même, est irréconciliable avec les intérêts de la population rurale. Malgré les articles du chef du communisme russe, les paysans continuent à être atrocement maltraités et torturés.

« Ainsi, au mois de mars, le gouvernement bolchéviste décréta une contribution de 16 milliards sur la bourgeoisie. La perception de la contribution dans les campagnes avait été confiée aux fameux Comités de paysans pauvres. Ceux-ci n'y sont pas allés par quatre chemins. Ils recoururent à tous les moyens pour vider les poches de leurs voisins. On fusillait et on torturait à plaisir. Des choses épouvantables se passèrent à la campagne, et même quelques personnes bolchevistes s'en sont fait l'écho.

« Le bolchevisme n'a en ce moment en Russie d'autre appui que les baïonnettes de l'armée rouge, dont les soldats sont bien nourris au milieu de la disette générale, bien équipés, et reçoivent une forte solde (jusqu'à 500 roubles par mois). Mais l'organisation de cette armée n'a plus rien de démocratique. La discipline y est de fer et son régime intérieur ne diffère pas beaucoup du régime qui était en vigueur dans l'ancienne armée du tsar. Ce sont les anciens généraux de Nicolas II qui la commandent. »

L'Humanité recommande à ses lecteurs le livre

d'Etienne Antonelli sur *la Russie bolcheviste*. En voici quelques extraits :

« Les vivres manquent à Petrograd (p. 201), et aux portes des boutiques les queues s'allongent interminables. On ne trouve plus de beurre ou de lait qu'à des prix exorbitants. La viande coûte 15 à 20 roubles la livre de 400 grammes. Le pain fait parfois totalement défaut pendant deux ou trois jours et la ration normale n'est que d'un huitième de livre. Toutefois on vit. Beaucoup gardent encore en réserve quelques provisions de farines, de légumes secs.

« Les usines ne travaillent presque plus, le rendement ouvrier étant nul et la matière première faisant défaut, mais elles ne sont pas arrêtées.

« Les chemins de fer fonctionnent en apparence assez régulièrement. Mais dans les gares de marchandises, l'encombrement et le désordre sont inénarrables. Un porteur vous demande 20 roubles pour transporter deux valises, de votre voiture à votre wagon.

« Le fonctionnement social n'est normal nulle part, mais nulle part non plus il n'est totalement arrêté. La vie économique subsiste, ralentie, languissante. Il semble que chacun consente à faire juste l'effort nécessaire pour que l'ensemble ne s'arrête pas.

« Petrograd, au mois d'avril, après six mois de régime bolcheviste, ce n'est pas une fournaise révolutionnaire, une sorte d'enfer sanglant, comme l'imagine le bon bourgeois douillet, c'est seulement une ville qui meurt lentement d'abandon et de paresse, dans une agonie qui se prolonge, donnant l'impression de vouloir durer toujours.

« Et Petrograd c'est, en ce moment, l'image de toute la Russie : une agonie qui se perpétue par un miracle incompréhensible à des occidentaux, épris d'ordre et de régularité formelle, mais parfaitement accessible à l'âme slave.

« La Russie peut dire, comme Lénine : « Je suis « un cadavre, mais il n'y a personne pour m'en- « terrer. »

Et plus loin (p.252) : « Après quelques mois de régime bolcheviste toute l'industrie nationale offrait le même spectacle de désordre et de ruine dans l'impuissance.

« Mais ce désordre matériel et technique n'est qu'une des conséquences, et non la plus grave, de la crise industrielle engendrée par le bolchevisme. Ce régime gâche, détruit comme à plaisir le capital matériel de l'industrie russe, mais surtout et avant tout il anémie, il épuise le capital travail, le capital humain. On peut dire que la révolution russe n'est acceptée si passivement par la masse du peuple russe que parce qu'elle est, à ses yeux, le régime de la paresse, de la spéculation, du trafic, du bien acquis sans travail. Le soldat, le matelot, l'ouvrier, le moujik, tous trafiquent, trompent, spéculent de tout et à propos de tout, du sac de pommes de terre qu'ils ont caché dans leur cave, du mobilier de leur caserne qu'ils vendent au passant, des cigarettes qu'ils peuvent voler..., mais personne ne travaille sérieusement, n'aime son travail. Et quand on ne peut éviter celui-ci, tout l'effort tend à diminuer son intensité, son rendement. L'ouvrier ne veut pas travailler moins longtemps ou gagner davantage, ou du moins il ne le veut qu'indirectement, d'abord il veut travailler moins, fournir un effort moindre. Toute la tactique ouvrière collective est en ce sens, et aussi la tactique individuelle; quand un ouvrier prend possession d'un emploi, on constate, au bout de quelques jours, que tout son effort, toute son ingéniosité, qui est grande, tendent à réduire l'intensité de son travail, fût-ce au détriment de son revenu. C'est ainsi que la prime à la productivité est impuissante, quel qu'en soit le taux, à accroître le rendement. »

Et le livre conclut (p. 259) : « La crise bolcheviste est venue donner le coup de grâce à la grande industrie russe. Partout les usines se sont à peu près vidées de leur personnel étranger de direction; l'outillage abandonné, mal entretenu, et, plus souvent encore, saboté pour être revendu en détail par les ouviers, a été rendu inutilisable. Le personnel russe, composé pour une grande partie d'ouvriers non qualifiés, a regagné le village où sa place était toujours restée. Tous les éléments sains de l'industrialisation progressive du pays ont disparu. Sans matériel et sans personnel, l'industrie russe est condamnée, pour de longues années, à l'impuissance. »

Les livres d'Etienne Buisson sur *les Bolcheviki* et de Raoul Labry sur *l'Industrie russe et la révo-*

lution donnent les mêmes renseignements et arrivent à la même conclusion ; « Prenons pour exemple, dit Raoul Labry, membre de l'Institut français de Petrograd, une fabrique de tissus de Moscou (p. 203). Car les filatures ont été les dernières à fermer leurs portes, grâce aux stocks abondants en coton qu'elles avaient constitués avec les gros bénéfices réalisés depuis le début de la guerre, grâce aussi au soin particulier apporté par le Gouvernement bolcheviste pour les faire durer, en leur assurant quelques arrivages du Turkestan avant la rupture de toutes communications avec cette lointaine province. Cette attention des bolcheviki s'explique par le désir d'offrir le plus longtemps possible à la population rurale, en échange de son blé, ce qui lui fait le plus défaut, les tissus. La fabrique, aux murs de briques rouges, semble morte sous la neige. Dans les bureaux de la direction, les membres du Comité fument, boivent du thé en compagnie de quelques délégués du soviet du quartier et d'ouvriers qui sont venus palabrer avant de se rendre à l'atelier. La seule question qui préoccupe tout ce monde, c'est le moyen de procurer des vivres à la cantine de la fabrique. Les pommes de terre coûtent 4 roubles la livre de 400 grammes, la farine 3 ou 400 roubles le poud (16 kil. 200), le poisson est introuvable. On récrimine contre les paysans accapareurs, qui refusent de livrer leurs produits pour des roubles, contre le Gouvernement qui ne sait rien faire et réquisitionne les produits de la fabrique pour les échanger contre du blé, au profit des gardes rouges ou autres privilégiés. On décide de garder les tissus pour la fabrique et d'envoyer des camarades les échanger eux-mêmes à la campagne contre des vivres. Voilà les résolutions prises chaque jour par les divers Comités d'usines, sauf les jours où il s'agit d'établir la feuille des salaires, qu'un délégué ira présenter au Conseil d'économie régionale, pour approbation, puis à la succursale de la Banque du peuple, pour encaissement.

« Dans les ateliers, les ouvriers sont rares. Les mêmes récriminations qu'au Comité se font entendre et un meeting improvisé réunit plusieurs fois par jour les mécontents. Les métiers s'arrêtent, on palabre, et, à 3 heures de l'après-midi, chacun va errer dans la ville, à la recherche de sa pitance, d'un autre travail plus rémunérateur ou d'un mauvais coup lucratif. Personne ne surveille, personne ne contrôle le travail. Chacun emporte avec lui quelque article fabriqué qu'il dérobe, ou quelque outil ou pièce de machine, qu'il va échanger dans les villages voisins contre des pommes de terre, du beurre ou du pain, ou quelque bûche pour chauffer le poêle de l'appartement bourgeois, où les soviets l'ont logé.

« Et les choses vont de ce train jusqu'à ce que le pillage ait épuisé tout ce qui ne peut être vendu ou brûlé, et que le Conseil de l'économie régionale décrète avec la fermeture de l'usine l'arrêt des avances de l'Etat. Il ne reste de l'usine que les quatre murs et quelques chaudières inutilisables, qui se rouillent. La garde rouge se grossira de quelques recrues nouvelles, plus désireuses de toucher une ration régulière que de se battre, et les villages verront arriver, de Moscou la Sainte, quelques miséreux de plus, tous prêts à réclamer leur lopin de terre et à remettre en question le partage fait sans eux.

« Voilà à quoi aboutit partout le régime bolcheviste : à la ruine totale de l'appareil industriel et à la dispersion de la population ouvrière. Il ne crée qu'une chose : la misère, qui dresse contre lui les mécontents, l'oblige, pour se maintenir, à user de plus en plus de moyens terroristes. »

Une seule industrie reste florissante : la fabrication de papier-monnaie. Suivant le dernier bilan de la Banque d'Etat (le 23 octobre 1917), la Russie avait émis à la veille de la révolution bolcheviste une vingtaine de milliards de roubles-papier. Elle en émet depuis 3 milliards environ par mois, et Labry estime (p. 207), qu'elle devait en avoir pour 70 milliards en février 1919. Les besoins de l'Etat, obligé de nourrir une populationqui ne travaille pas, sont immenses et ses recettes à peu près nulles. Les budgets semestriels du régime bolcheviste indiquent la progression suivante dans les dépenses : janvier-juin 1918 : 17 milliards — juillet-décembre 1918 : 30 milliards — janvier-juin 1919 : 50 milliards, laissant des déficits avoués de 14, 16 et 28 milliards, en réalité bien plus considérables, parce que les recettes alignées en face de ces dépenses sont pour la plupart inexistantes. (*The Economist,* 3 mai 1919, p. 718.)

Dans ces conditions, le crédit de l'Etat a perdu toute valeur : les paysans refusent de recevoir en paiement les roubles bolchevistes et les prix montent à un niveau qui rappelle le temps de nos assignats. Un correspondant du *Journal de Genève* calcule (30 juin 1919) qu'un ouvrier russe devrait dépenser aujourd'hui 140 roubles par jour, soit 4.200 roubles par mois, pour se nourrir comme il se nourrissait avant la guerre. « Naturellement, écrit-il, aucun ouvrier ne peut le faire. Même s'il en avait les moyens, il ne pourrait pas trouver les marchandises nécessaires. Il doit donc se restreindre à un minimum : il donne pour sa nourriture tout ce qu'il reçoit comme salaire, soit 800 à 1.200 roubles, par mois, et ne reçoit en échange, s'il est seul, que le quart ou le cinquième de ce qu'il obtenait naguère, et le douzième, s'il a de la famille. »

L'agriculture est moins complètement ruinée que l'industrie russe; elle a cependant beaucoup souffert. La loi du 3 février 1918 a aboli la propriété privée de la terre et en a attribué l'usufruit à ceux qui labourent. Les paysans n'avaient pas attendu cette loi pour piller les grands domaines et s'en partager les terres. Contrairement à l'intention du législateur, ils n'ont pas mis ces terres en commun, ils les ont jalousement gardées pour eux-mêmes, et forment maintenant une masse de petits propriétaires. Se défiant d'un papier-monnaie, qu'ils regardent avec raison comme sans valeur, et craignant les réquisitions, ils se bornent à cultiver les céréales nécessaires à leur entretien et à celui de leurs familles. La production agricole de la Russie a énormément diminué. Un des meilleurs économistes russes, M. Pavlof, après avoir constaté que cette production avait été en moyenne entre 1904 et 1914, pour les céréales, de 3.700 milliards de pouds par an, dont 500 milliards étaient exportés, estime dans le *Journal des Débats* du 29 avril 1919, qu'elle doit, d'après les renseignements de la presse bolcheviste, avoir baissé de 50 pour 100 en 1918 et qu'elle tombera probablement en 1919 à 1.500 milliards, soit la moitié du stock nécessaire à la consommation nationale. En ce qui concerne le cheptel, les réquisitions à outrance ont détruit le bétail.

Albert Thomas a déclaré, dans un discours récent, que, d'après les voyageurs qui reviennent de Russie, les paysans russes ont cessé de porter des chemises, s'habillent de peaux de bêtes et enveloppent leurs pieds de paille pour remplacer les chaussures qu'ils ne peuvent plus se procurer.

Voilà ce que le communisme a fait de la Russie.

Voilà le bonheur, le bien-être qu'il lui a donné.

Pourtant, disent les défenseurs des bolcheviks, ce régime dure. On annonce sa chute tous les mois et elle ne vient pas. Comment expliquer que la Russie le supporte, s'il est insupportable?

A cela, il y a plusieurs réponses. D'abord le régime bolcheviste a pu vivre jusqu'ici sur les réserves des générations antérieures.

Toute nation civilisée a, comme toute maison un

peu ancienne et prévoyante, des provisions qui lui permettent de vivre un certain temps sans produire.

Les bolcheviks ont consommé ces provisions.

Ensuite, ils se maintiennent par la terreur. Le régime tsariste, que tout le monde détestait en Russie, a duré bien plus longtemps et durerait probablement encore sans la guerre. Il n'est pas facile de briser un pouvoir, même universellement haï, qui dispose sans aucun scrupule d'une police redoutable, d'une armée nombreuse et qui a supprimé toute liberté.

IV

Au moins autant que le bien-être, la liberté fait défaut dans la Russie communiste.

Déjà Robert Owen et Cabet, dans leurs luttes contre la nature humaine, avaient été amenés à vouloir la supprimer. Cabet était devenu, par ses prétentions à la dictature, odieux à la communauté icarienne, dont la majorité avait fini par l'exclure, en constatant qu'il avait constamment refusé de se soumettre aux décisions de l'Assemblée générale, contesté les élections et prêché la guerre civile.

Lénine et Trotsky, après avoir réclamé, pour s'installer au pouvoir, l'usage de toutes les libertés, les ont effrontément abolies pour s'y maintenir. Ils ont dissous, dès le premier jour, l'Assemblée constituante, régulièrement élue par le peuple russe, parce qu'ils n'y avaient pas la majorité, et proclamé la dictature de prolétariat, c'est-à-dire celle de leurs amis. « En dissolvant l'Assemblée constituante, s'est écrié Trotsky, nous avons violé les principes formels de la Démocratie, mais nous l'avons fait au nom de principes plus élevés : ceux de la Révolution sociale. » (Antonielli, p. 123.)

La Constitution des soviets, du 10 juillet 1918, proclame (article 9) que son but est d'établir la dictature de prolétariat urbain et rural, avec les paysans les plus pauvres, en vue d'écraser complètement la bourgeoisie, de supprimer l'exploitation de l'homme par l'homme et d'instaurer le socialisme, sous le régime duquel il n'y aura ni divisions en classes, ni pouvoir d'Etat.

En conséquence, dans son article 64, elle refuse le droit d'élire et d'être élu à tous ceux qui ne vivent pas uniquement du produit de leur travail. Dans son article 25, elle fausse le droit d'élection au profit des ouvriers des villes en leur attribuant un député aux Congrès des soviets par 25.000 électeurs, tandis que les habitants des campagnes ont un député par 125.000 habitants. Enfin, dans son article 23, elle formule une disposition qui annule d'un coup tous les droits des ennemis du régime : « S'inspirant des intérêts de la classe ouvrière dans son ensemble, la République socialiste fédérative des soviets de Russie prive les individus ou les groupes isolés des droits dont ils useraient au préjudice des intérêts de la Révolution socialiste. »

En vertu de ce principe, aucune liberté n'existe plus pour ceux qui ne sont pas bolchevistes. Un appel du groupe socialiste révolutionnaire, comprenant 299 députés de l'Assemblée constituante russe, aux partis socialistes de l'Entente, va nous dire comment ce principe a été appliqué (*Progrès de Lyon* du 12 juillet 1918) :

« Camarades,

« Nous croyons comprendre, d'après les quelques renseignements parvenus jusqu'à nous, que certains des socialistes et des démocrates d'Europe et d'Amérique estiment nécessaire de soutenir de leur autorité le pouvoir actuel et le parti sur lequel s'appuie ce pouvoir, pensant que ce parti se compose d'hommes d'action énergiques, capables de mettre la Russie dans le droit chemin et d'indiquer ce chemin aux autres peuples.

« Nous considérons comme un devoir impérieux pour nous de dissiper pareille erreur et de vous prévenir que ce serait une lourde faute de votre part que de raisonner ainsi.

« ... Le bolchevisme a déprécié la liberté. Il a rendu odieux à la nation, qui avait acclamé la révolution de février, le nom même de cette révolution faite en vue de conquérir la liberté. C'est qu'il n'y a jamais eu en vérité de régime plus inique et plus arbitraire que celui des bolchevicks.

« La Russie est devenue une arène pour la guerre civile. La liberté de parole est supprimée avec une brutalité et un cynisme sans pareils. Les journaux sans distinction d'opinion et les journaux socialistes en particulier sont suspendus. Les réunions sont dispersées par la force armée. Les organisations socialistes sont détruites. L'Assemblée constituante, les organes de self-administration locale, les associations d'intérêt général, écrasées sans merci et couvertes d'injures. Il ne se passe presque pas de jour que quelqu'un ne soit fusillé sans jugement ni instruction. Quiconque ne se qualifie pas bolchevick est déclaré contre-révolutionnaire. Tous les socialistes éminents, ceux d'extrême gauche et de Zimmerwald y compris, ou bien sont déclarés hors la loi et comme tels doivent se tenir cachés, ou ont passé, ou vont passer en jugement, ou sont emprisonnés dans les cachots du bolchevisme, lesquels sont infiniment pires que ceux du tsarisme. Et ce régime de terreur frappe également, non seulement les bourgeois et les membres des partis socialistes qui ne reconnaissent pas la tutelle bolcheviste, mais aussi quantité d'ouvriers et de paysans opprimés sans pitié du jour où ils cessent de soutenir le bolchevisme et se décident à élever une voix de protestation.

« Au moment de leur coup d'Etat, les bolchevicks ont proclamé le pouvoir des soviets. Ils n'ont fait en réalité qu'établir le pouvoir d'une clique irresponsable. Les élections aux soviets ont lieu dans des conditions effrayantes d'intimidation et de terreur. Si un soviet cesse d'être docile, il est aussitôt tenu pour contre-révolutionnaire et inexistant. Il suffit d'une majorité socialiste révolutionnaire ou menchevik dans un soviet pour voir apparaître des gardes rouges qui expulsent, arrêtent ou fusillent quiconque leur résiste. C'est ainsi que les bolchevicks entendent l'indépendance des soviets.

« Ils ont détruit l'armée, puis désarmé la nation tout entière. Ils n'ont laissé d'armes qu'à leurs mercenaires, dont ils exploitent le fanatisme et les appétits en les intéressant commercialement à leur maintien et en leur permettant de perquisitionner, de prévariquer et piller, d'assassiner impunément.

« Le bolchevisme n'est pas le règne de la démocratie, ni même d'une classe, mais d'un parti, qui n'a d'autre but que de conserver coûte que coûte la suprématie qu'il s'est arrogée. »

On voit, par ce témoignage des seuls représentants légitimes du peuple russe, quelle tyrannie le bolchevisme a instituée en Russie, supprimant toutes les libertés dont nous avons pris l'habitude : la liberté d'association, la liberté de réunion, la liberté de la presse, même la liberté d'opinion. Il est allé plus loin : il a supprimé la liberté de manger.

« Les bolchevistes ont divisé la population en quatre classes, rationnées suivant leur degré d'affection présumée pour le régime.

« La première classe comprend les gardes rouges et les ouvriers; la seconde, les petits employés et les domestiques ; la troisième, les anciens fonctionnaires ; la quatrième, les intellectuels et bourgeois. » (E. Buisson, *les Bolcheviki*, p. 149).

Le Gouvernement, souverain dispensateur des

subsistances, nourrit assez bien la première classe, assez mal la seconde, et laisse tranquillement mourir de faim les deux autres.

C'est ainsi qu'à Petrograd, à la fin d'août 1918, les gardes rouges recevaient une demi-livre de pain (200 grammes) et cinq harengs par jour; la seconde classe, un quart de livre de pain et cinq harengs; la troisième et la quatrième, un huitième de livre de pain (50 grammes) et trois harengs. On assure que récemment il a été dressé des listes de suspects qui sont exclus de toute distribution. (Cf. *l'Information* du 12 juin 1919.)

Le régime communiste a trouvé, dans la répartition des vivres, un moyen de gouvernement et d'oppression dont la puissance dépasse celle de toutes les autres tyrannies.

Ce qui ne l'empêche pas de recourir à des moyens plus violents. Un Livre blanc, publié par le Gouvernement anglais, a recueilli des faits de cruauté abominables, qui augmentent de jour en jour. On ne peut actuellement faire le compte des massacres commis par les bolcheviks; il sera probablement effroyable.

Voilà ce que le communisme a fait de la liberté.

V

Nous n'avons pas parlé jusqu'ici de l'expérience communiste de la Hongrie, parce que nous n'avions pas, sur ses résultats, des renseignements assez sûrs et assez précis. Au cours de l'impression de cette brochure, *l'Humanité* du 3 août 1919 nous en apporte, en publiant le rapport lu par le Commissaire de peuple Eugène Varga au Congrès des Conseils à Budapest le 15 juin dernier. Ce représentant du gouvernement communiste a dit ceci :

« Il a fallu organiser une bureaucratie pour remplacer les vingt à trente mille capitalistes qui avaient organisé la production. Sans cette bureaucratie, tout aurait sombré. L'anarchie aurait régné. Il a été impossible de conserver l'ancienne bureaucratie ; cela aurait été trop dangereux. La vieille bureaucratie a été instituée entièrement pour le service des intérêts capitalistes ; elle est absolument pénétrée de l'esprit des juristes, de l'esprit d'exécution sur le papier. Avec elle, nous n'aurions pas pu arriver à une organisation rapide.

« Il me faut reconnaître que la nouvelle bureaucratie n'est pas du tout l'organe idéal que nous souhaitions. Il y a beaucoup de gens qui ne sont pas à leur place, beaucoup trop de jeunes gens sans expérience, pas mûrs au point de vue politique, et qui ont changé de convictions politiques comme de chemise. Ces éléments, nous devons, comme Lénine l'a dit en Russie, les chasser de la Révolution comme des poux et des sangsues. Camarades ! ce travail est en train, vous pouvez voir que, de plus en plus, nous arriverons à mettre aux postes de commande de la bureaucratie nouvelle les vieux chefs éprouvés des Syndicats... Je suis convaincu que les éléments prolétaires doivent être attirés dans l'administration de l'Etat prolétarien. Mais il y a aussi parmi les ouvriers une tendance à exagérer, et je dois dire ouvertement que les abus se produisent tout autant parmi les ouvriers devenus fonctionnaires que parmi les bureaucrates intellectuels. Et il n'y ici aucune différence entre Budapesth et la province : en province aussi, il y a des directoires dont les membres remplissent leurs maisons de tapis de Perse et se rendent coupables de nombreux abus. Un grand nettoyage doit être entrepris.

« Nous devons être d'accord pour reconnaître que l'Etat prolétarien également ne peut offrir plus de marchandises que n'en produisent les ouvriers. *Mais, quand j'examine le résultat, je vois qu'il est le plus mauvais possible. Le rendement est en général très diminué.* Pour l'agriculture, il a diminué un peu moins, mais énormément pour beaucoup de branches d'industrie. En ce qui concerne les mines de houille par exemple, le résultat comparé à celui de l'époque Karolyi est moindre de 10 à 38 pour 100. Je ne veux pas dire la production d'entreprise, mais le rendement de travail individuel. En comparaison avec le temps de paix, la diminution est de 50 pour 100. Pour l'industrie, elle est de 30 pour 100 dans la fabrique de machines Lang, de 75 pour 100 dans la fabrique d'ascenseurs de Matyesfold, etc. — La diminution est un peu moindre dans les entreprises où le travail des ouvriers se borne à utiliser des machines, comme, par exemple, l'industrie chimique, les minoteries. Si nous cherchons les causes de cette diminution, — et, je le répète, il ne s'agit pas de manque de charbon ou de matières premières, mais de diminution par suite du travail individuel, — la première raison est dans la cessation de la discipline capitaliste du travail.

« Dans la production capitaliste, il y avait un système qui poussait au travail. Si l'ouvrier ne produisait pas le travail convenable, il était simplement renvoyé. Cet état de choses a cessé avec le renversement de la bourgeoisie. L'ancienne discipline du travail a été supprimée, une autre n'est pas encore formée, mais elle est en train de s'établir. Une certaine amélioration est à constater, mais le mal existe encore. Une autre raison est la cessation du système de travail aux pièces et le passage au système du travail horaire, qui diminue justement le rendement de travail des meilleurs ouvriers.

« Beaucoup de gens ne s'élèvent pas encore aux sommets de la conscience socialiste, qui existera dans les générations prochaines. On n'a pas encore l'idée que chacun doit travailler autant qu'il peut, même s'il ne doit recevoir que la même part dans la production commune, attendu que la force musculaire et l'habileté sont différentes dans chaque individu : voilà le communisme, la vraie fraternité. Mais aujourd'hui, les ouvriers se tiennent encore au vieux point de vue capitaliste. Et c'est pourquoi nous devons revenir au système de paiement à la tâche. »

Ce rapport ne dit pas tout. D'après le *Journal de Genève* du 23 juillet 1919, les correspondants des journaux milanais à Budapest font le tableau suivant de la situation :

« La disette qui règne dans la capitale hongroise est grande. Pour avoir quelque chose à manger, jusqu'à ces derniers jours, les citoyens de Budapest se répandaient dans les campagnes, emportant avec eux du linge, des souliers, des objets utiles; pour convaincre les paysans de leur donner en échange des vivres (les paysans n'acceptent pas le papier blanc émis par les bolchevistes), et la nuit, à l'arrivée des trains et des vapeurs, on voyait les rues de la capitale encombrées de personnes fatiguées, qui rentraient chez elles en apportant les vivres dans des corbeilles et des valises. C'était le seul moyen, pour bien des gens, de se procurer de quoi manger. Maintenant, cette ressource problématique vient à manquer : le Gouvernement a interdit l'importation des vivres provenant de la campagne.

« C'est l'Etat qui réquisitionne tout. Sur les marchés, il n'y a presque rien, le pays manque de tout, mais on ne travaille pas pour produire. *Dans tous les milieux domine le sentiment de l'inutilité de l'effort. Le goût du travail a disparu.* Le Gouvernement cherche à remédier à la situation en envoyant dans la province les ouvriers sans travail. Jusqu'à présent, dix-huit mille habitants de la ville y ont été envoyés. Le communisme a produit des effets étranges : tous les prix augmentent. La prix d'un billet de tramway était autrefois de 12 centimes; depuis le 1er juillet, il est d'une couronne.

« Le Gouvernement bolcheviste, en abolissant la propriété, a dû automatiquement abolir les taxes, les douanes, les droits d'entrée. Il n'a plus logiquement aucun revenu de ce genre. Alors, pour se procurer des ressources, il augmente tous les prix. Ces dernières semaines, les billets des chemins de fer ont subi une augmentation de 200 pour 100.

« Dans tous les ateliers nationaux, on travaille à perte. Le Gouvernement affronte la situation en fabriquant du papier-monnaie, à raison de 30 millions de couronnes par jour. »

VI

Comparons maintenant, non pas le sort de quelques individus, mais le sort du peuple, en Russie et en France. Où est-il le meilleur ? Où trouvons-nous le plus de bien-être et de liberté ? On dit que le bolchevisme exerce une fascination sur une partie de nos ouvriers. Ceux qui la subissent ne savent pas ce qui se passe en Russie, et les journaux qu'ils lisent se gardent bien de le leur dire.

Rien ne prévaut contre les faits. L'expérience s'est prononcée par des résultats tels qu'on croit rêver en voyant un sénateur, qui doit connaître ces résultats, affirmer que le collectivisme nous assure non seulement le nécessaire, mais encore les joies du superflu.

Où a-t-il pris cela ? Est-ce dans les bilans de nos arsenaux et de l'Ouest-Etat ? Est-ce dans l'histoire des colonies communistes ? Est-ce surtout dans l'atroce situation de la Russie, mourant de faim et du froid ?

Non, le communisme n'augmente pas la production. Non, il ne donne ni le superflu, ni même le nécessaire. Il nous ramènerait, s'il devait s'installer chez nous, à des souffrances que nous avons oubliées depuis des siècles, il nous ramènerait à la barbarie. Un journaliste anglais, qui a beaucoup fréquenté les chefs bolchevistes, a entendu certains d'entre eux se lamenter un jour sur le délabrement des maisons de Moscou, menacées de tomber en ruines. « Si cela continue, dit l'un d'eux, dans dix ans, nous nous promènerons à quatre pattes autour de ces ruines. Et dans vingt ans, ajouta un autre, il nous poussera des queues. » (A. Ransome, *Six weeks in Russia*, p. 58.)

Nous ne pouvons cependant pas rester sur cette conclusion négative ; nous ne pouvons pas accepter la misère humaine, rester indifférents à tant de privations et de plaintes, prêcher seulement la patience et la résignation. Nous devons chercher le progrès. Tout l'effort de la civilisation doit tendre à ce que le bien-être ne soit plus le privilège de quelques-uns, à ce que la vie soit bonne pour tous.

La civilisation a bien cette tendance et, malgré

d'injustes déclamations, un progrès lent, 'mais à peu près continu, a sensiblement augmenté, depuis un siècle, le bien-être dans toutes les classes de la population. Nous sommes heureusement loin des paysans décrits au xvıı⁰ siècle par La Bruyère, loin des ouvriers décrits vers 1840 par Villermé. Les prophéties du *Manifeste communiste* de Karl Marx ont reçu, depuis 1848, d'éclatants démentis. Il n'est pas vrai que la richesse se soit exclusivement concentrée, comme il l'annonçait, en un petit nombre de mains; nous avons vu le contraire au début de cette étude. Il n'est pas vrai que les classes moyennes aient été expropriées : elles sont aujourd'hui plus nombreuses et plus aisées que jamais. Il n'est pas vrai que la condition des ouvriers ne se soit pas améliorée. Ch. Gide, si soucieux de justice sociale, estime que, dans le cours du xıx⁰ siècle, le salaire réel des ouvriers, c'est-à-dire celui qui tient compte de l'enchérissement de la vie, s'est accru en moyenne de 77 °/₀. La condition des ouvriers s'est améliorée dans la même proportion. Leur travail est en outre devenu moins long et moins pénible.

Cela ne suffit pas cependant : les pauvres ont encore beaucoup à désirer, les besoins augmentent avec la civilisation, et nous sommes obligés de réparer les ravages de la guerre la plus dévastatrice qu'ait connue l'humanité. Nous devons donc redoubler nos efforts pour accélérer le progrès, et les mettre énergiquement au service des moyens les plus puissants que nous possédions pour améliorer notre sort : la paix et la science.

La paix d'abord, pour ne pas gaspiller chaque siècle la plus grande partie de notre travail. Quand on considère la misère humaine à travers l'histoire, on trouve qu'elle a eu la guerre pour cause principale. Que serait aujourd'hui l'humanité, si elle n'avait pas employé le meilleur de ses forces à s'entre-tuer, si elle n'avait pas sans cesse détruit ses économies par le fer et le feu, si elle avait seulement consacré à des œuvres utiles les milliards qu'elle a consacrés depuis cent vingt ans à la guerre, ou à la préparation de la guerre ? N'aurait-elle pas assez de richesse pour donner du bien-être à tous les Européens ?

La dernière guerre a été une terrible leçon de choses. Elle vient de se terminer par la proclamation de principes que les philosophes avaient déjà recommandés, mais que les politiques n'avaient pas encore admis : le droit des peuples de disposer d'eux-mêmes et la limitation de ce droit par une justice internationale. La Société des Nations sera désormais une sauvegarde de la paix ; elle peut être le point de départ d'une ère nouvelle, où le progrès recevra une impulsion qu'il n'a pas encore connue. Elle n'a pas encore reçu sa forme définitive : de regrettables résistances ont empêché de l'armer suffisamment ; tous nos efforts doivent tendre à la consolider, à la fortifier, à assurer son empire.

Mais il ne suffit pas d'écarter la guerre étrangère : la guerre civile est encore pire. Allons-nous ajouter de nouvelles ruines à celles qui couvrent déjà notre sol? Allons-nous perdre les fruits de notre victoire, anéantir les derniers restes de notre richesse parce qu'une minorité violente se juge supérieure au droit? On prêche la guerre des classes : ceux qui la prêchent sont aussi coupables que ceux qui ont condamné l'Europe à cinq années de massacres et de dévastations. Dans un pays de suffrage universel, il n'y a pas d'autre loi que la volonté du peuple, toute insurrection est criminelle. Si une minorité veut imposer sa dictature, d'autres minorités le voudront aussi. Qui jugera entre elles ?

La violence répondra à la violence, le monde s'embrasera de nouveau et la pauvre humanité verra une fois de plus le travail des générations consumé par les incendies de la guerre.

Sous la protection de la paix, la science multipliera la production. Aucune réforme, aucune révolution n'a autant fait pour améliorer le sort des hommes que la découverte de la vapeur ou les inventions de la chimie.

Seule, la science peut vaincre l'avarice de la nature ; seule, elle peut subvenir aux besoins de tous sans rabaisser l'élite au niveau d'une basse et universelle pauvreté.

Nous l'avons vue, depuis cinquante ans, réaliser des miracles. Nous avons vu naître la traction automobile, le transport de la force des chutes d'eau, le téléphone, la télégraphie sans fil, l'aviation ; nous avons vu la médecine et l'hygiène transformées par la découverte des microbes ; nous allons voir l'agriculture transformée par l'emploi des machines et des engrais. Nous pouvons attendre avec confiance d'autres miracles.

Mais nous ne devons pas nous borner à les attendre, il faut les provoquer. La postérité s'étonnera un jour de l'insuffisance des ressources consacrées dans nos budgets aux recherches scientifiques. Nos industriels doivent suivre l'exemple des industriels allemands : multiplier les laboratoires et les champs d'expérience. L'Etat doit leur donner l'exemple : prendre à son compte les dépenses qui dépassent leurs ressources, se charger des recherches désintéressées d'où sortent si souvent des applications utiles, dresser l'inventaire de nos richesses naturelles trop ignorées, avoir un service des inventions dans la paix comme il en a eu un dans la guerre. Il ne saurait faire des dépenses plus productives. Pasteur a commencé ses recherches avec quelques milliers de francs pris sur la liste civile de Napoléon III ; vingt ans après, le grand physicien anglais Tyndall estimait que ses découvertes avaient rapporté à la France plus de richesse que l'indemnité de guerre de 1870 ne lui en avait fait perdre.

Mettons donc notre espoir dans la science et dans la paix et prenons garde que la guerre civile ne vienne l'anéantir. Les travailleurs manuels ont aujourd'hui entre leurs mains le sort de la civilisation. Ils ont le nombre et la force : la guerre a détruit les dernières autorités qui limitaient leur pouvoir. Le suffrage universel et l'organisation syndicale leur donnent des armes plus que suffisantes pour faire respecter et prévaloir leurs droits. S'ils ne s'en contentent pas, s'ils veulent, au lieu du progrès pacifique, la révolution violente, la dictature du prolétariat et le communisme, ils pourront faire le bonheur de quelques visionnaires et la fortune de quelques aventuriers, ils pourront goûter les joies mauvaises de l'orgueil et de la haine : l'exemple de la Russie et de la Hongrie les avertit qu'ils trouveront sur leur route tout autre chose que le bien-être et la liberté.

Août 1919.

TABLE DES MATIÈRES

Lyon. — Imprimerie A. Rey, 4, rue Gentil. — 78196